JN440807

오늘의문학시인선 352

호수의 얼굴

서인원 시집

오늘의문학사

국립중앙도서관 출판시도서목록(CIP)

호수의 얼굴 : 서인원 시집 / 지은이: 서인원. -- 대전 : 오늘의문학사, 2015
p. ; cm. -- (오늘의문학시인선 ; 352)

ISBN 978-89-5669-688-1 03810 : ₩8000

한국 현대시[韓國現代詩]

811.7-KDC6
895.715-DDC23 CIP2015015874

호수의 얼굴

|自序|

적막한 산장에서
힘차고 멋진 시를 쓰려는 욕망이
갑자기 요의를 부른다.
잠결의 물줄기는 발등만 적신다.

그 언젠가 고개를 넘기 전
산 너머 불까지 끈 소방호스인데
아직도 꿈을 꾸고 있나,
내 시는 어찌 이리 밋밋할까.

잠시 한 숨 고르고
소나기 내리는 창밖을 본다.
금강의 물줄기는
굽이굽이 힘차게 흐르는데

아직도 꿈만 꾸고 있는 나의 물줄기
언제까지 시린 발등만 적실까,
바지 벗어 허공에 던져두고
콸콸 터질 요의를 기다린다.

차례

제2부_날개가 있다

제3부_아버지의 강

제4부_오월의 밥상

제1부

새들의 음표

새들의 음표

전선줄에 앉아 있는
몇 마리 까치
자리 잡고 있는 저 음표音標들,
해질녘의 찬바람이
긴 꽁지를 흔든다.

초승달 바라보며
고향 소식 기다리는
내 마음속 노래 한 곡
누가 저기에 걸어 놓았는가?

왕왕대는 바람소리
허공에 그려놓은 악보樂譜가
시리게 귓전을 울려도
새들은 꽁지 흔들며
저마다의 리듬을 탄다.

만장굴에서

찬바람을 뒤로 하고
좁은 입구로 들어섰다

아늑한 자궁에 든 것만 같아
아내의 주름진 손을 잡고
구불구불한 동굴길을 걷는다

안으로 들어갈수록 포근한 바람
세상 밖의 찬바람이 두렵다

피가 거꾸로 흐르지는 않을까
석순 뒤 으슥한 천장에
힘겹게 매달려 사는 박쥐들

거꾸로 매달린 저 눈에
반듯한 수평선이 걸려 있다

풀과 함께

아버지 산소에 풀이 무성하다
풀을 뽑으려는데
어찌된 일일까
풀뿌리가 손목을 잡아당긴다

세월이 갈수록
스치는 바람처럼 잡힐 듯
그리움의 갈증이 쌓이는데
목을 축이는 이슬비

바람은 어둠을 풀고
젖은 손목을 당기는 풀
어디 손이라도 한번 잡아보고 싶은지
잠시 인연의 끈을 묶으려는지

환영의 그림자로 스친다
손을 꼭 잡고 산길 오르다가
왈칵 그리움으로 접혔던 기억
풀과 함께 파르르 살아나고 있다

속 빈 고목

부부동반으로 길을 가다가
갑자기 요의를 느꼈다

허허 벌판에 육필을 갈기려고
쩔쩔매다가
속 빈 고목에 찾아들었다

온갖 상념들이 터져 나온 듯
고목이 필사를 받아준다

왜 이리 아늑할까
내가 나온 어머니 자궁처럼
나도 속 빈 고목이 되고 싶다

꽃가슴

숲길을 걷는다
나무가 촘촘하게 서 있어
부딪힐까 두렵다

방비 없이 나선 길
바람 부는 대로
길 따라 발자국을 남긴다

끝없이 펼쳐진 허공에 때로는
소낙비가 숲을 적셔도
닿을 듯 열릴 듯 저 햇살의 눈짓

부드러운 산허리에 핀 꽃이
가슴에 안기자
어둠이 찾아들까 두렵다

할미새

허공을 날다가
햇살 타고 내린다

잠깐 서는 것도
저렇게 불안한가
온 몸 쉼없이 흔드니
하늘과 땅이 흔들린다

다독이던 바람마저
흔들고 있어
지워지는 할미새
그림자만 남는다

발 딛고 사는 이 세상
허공에서도
중심을 잡으라는데

구름에 숨었다
'반짝' 저 햇살

잠자리

갸웃갸웃 잠자리를 찾고 있다
손을 잡고 있던 손자 놈이
잡아달라고 떼를 쓴다

한 시대를 풍미한 잠자리는
다가오는 숙명의 겨울에
어디로 갈까

노쇠한 잠자리는
구름 속을 날고 있는지
구름처럼 타고 있는지
다시 한 번 힘없는 날갯짓이다

물안개 속으로 빨려드는 영혼
피어오르는 그림자가
마음을 동여맬 때

환생의 뿌리를 더듬듯
영락에 든 내 모습을 찾는다

벼랑

검은 개미 한 마리가
너풀너풀 나비를 물고
아스팔트 길을 가고 있네

어설픈 어둠이 깃드는데,
위태로이 차가 오는데
가파른 벼랑을 오르는 개미

갑자기 나비가 살아나
텅 빈 공중으로 솟구친다면
아슬아슬 외줄 타는 것인가

어젯밤 꿈속 개미의 길
오늘은 내가 가고 있어
소스라치게 놀라 깨어났네

오늘 따라 아침 햇살이
까마득 눈먼 벼랑을
제일 먼저 비추고 있네

나뭇잎 한 장

호수에 커다란 나뭇잎 한 장
물 위에 파문을 그리며 사라진다
내 곁을 스쳐간 사람들처럼

정녕 사라지는 걸까
저 물주름이 내 이마의 주름에
끊어질 듯 이어지면서
더욱 선명해지는 기억들

한때는 나와 손을 잡고
오월의 초록잎처럼
온 힘을 쏟았던 지난 날
이제는 단풍잎 한 장으로
저 큰 호수에 물살을 만든다

바람이 그리는지
이파리가 그리는지 모를 일이지만

분명한 건 호수에 떠 있는
저 나뭇잎 한 장의 적막이
내 이마에 파문을 그린다

숲에서

뒹구는 저 낙엽
공평한 건 바람이라는데
잠시 피었다 지는 것을
저리도 굴리고 있나

장승처럼 서 있는 나무들
그 사이를 비집고 걷다보니
야윈 몸 신발끈이 풀리네

숲속 깊이 들어왔는데
떨어질 듯 나무에 앉은 새
어떤 소리에도 아랑곳없이
그저 시인이라 지저귀네

울려 퍼지는 아름다운 소리가
매몰찬 바람을 재우는데
앞이 보이지 않네

남은 길 얼마나 될까
음지에서 우는 꽃 보듬으며

긴 숲길 따라 새들의 노래
또박또박 받아 적으리

등 굽은 나무

햇볕이 쨍쨍 내리쬔다
자갈밭에 서서 온종일
바람에 흔들리는 등 굽은 나무

갈증에 시달리는데
뿌리를 적시는 단비
숨통을 터주는 바람은
이 우주 어디서나
똑같이 찾아드는데

자갈밭을 삶의 중심지로 만들고
온갖 시련에 굴하지 않는다

시련이 쌓이고 쌓여
무거움에 등이 굽었나
몇몇 나무는 사람의 눈길에 끌려
그들 곁으로 갔는데

빛을 향하여 반짝이며
무한한 필생의 힘이 숨어 있는
저 굽은 등을 어루만진다

투명하도록 파란 하늘에
반짝 눈길을 보내며
출렁출렁 파문을 그린다

10월의 그림자

입추의 그림자는 산허리에 숨었다
넘실넘실 부푼 가슴은
황금빛 바람을 타고
저 푸르른 허공을 난다

햇살은 들녘을 떠날 줄 모르는데
휘청 흔들리던 마지막 들꽃
서릿발 바닥에 뒹굴며
비로소 긴 침묵에 잠긴다

어머니 손등 같은 나뭇잎은
저녁의 그늘에 엎드려
차가운 묵상에 잠겨 있는데
앞산에 배부른 까치는
깜깜 하얀 겨울을 부른다

희끗희끗 숨었던 눈송이가
허공에 파문을 그릴 때
옷자락 여민 그림자는
눈발 속에서 제 뿌리 더듬어 본다

예산역

서울 가는 기차였지
차창을 두드리는 소쩍새 울음소리
바람을 헤치고 다가왔지

안개 속 희망을 찾아
막차는 떠나려 문을 닫는데
어둠을 가르는 기적 소리가
성긴 울음을 덮었지

서울에서 고학하는 것은
어둔 길이라고
조심, 조심하라고
울어주던 소쩍새였지

마지막 손사래를 치던
아릿한 예산역
기적소리는 세월에 묻혔지만
생생한 소쩍새 울음소리

말망수*에서

아름다운 풍경으로 피어나는
유년의 말망수
잔잔한 물결에 바람이 인다

억새풀이 새파랗던 여름
풀숲에 숨어있는 뱀이 무서워
막대기로 치며 가던 길
앞서 가던 발자국을 본다

꿈 많던 어린 시절
말망수에 남긴 발자국을 찾아
지난 세월 속으로 걷는다

수십 번의 다짐과 꿈은
빗속으로 흘러가고
잘람잘람 물안개 속에서
너를 찾아 바람으로 헤맨다

유년의 말망수는
내 앞에 있는데

해살스런 얼굴 하나 얼비쳐 오고.

* 충남 청양에 있는 냇물

고향 옥탑방에 올라

고향 옥탑방에 올라
창문을 열어젖히니
그간 막혔던 눈이 뻥 뚫린다

푸르른 들녘 오가는 사람들
산 아래 나무 다 내 것이라고
나뭇가지 휘어놓던 바람이
내 얼굴을 스치며 지나간다

어떤 이는 경운기 운전하고
또 어떤 이는 바삐 걸어간다

저 멀리 지팡이에 의지한
허리 굽은 노인의 등
바람이 슬며시 밀어준다

우성산은 팔각정을 이고도
여러 할 말이 많은 듯
흰 구름 아래 부는 바람
유년의 친구까지
도란도란 이야기를 들려준다

허물어져 가는 옥탑방에 앉아
창문을 열어젖히자
살아 숨 쉬는 한 폭의 그림까지
비로소 내 것이 되었다

제2부

날개가 있다

날개가 있다

서울 지하도에는
길 잃은 새들이 모여 있다.
어둠에 싸여
새벽을 기다리고 있다.

어쩌나, 뿌리 내리지 못하고
절뚝이는 그림자가
초점 잃은 눈동자를 따라가는데
바람마저 차갑다.

가볍던 깃털은 이슬에 젖어
점점 무거워지는데
밤비까지 내린다.

언제 날 수 있을까?
두려움에 떨고 있어도
아름다운 새벽을 접지 않았는지
하얀 날개에 깃을 단다.

도시 까치

산골 마을 미루나무에 오가던
텃새가 늦바람 타고
도시에 둥지를 틀었지요

깍깍깍 허공에 짖는 소리
들어주는 이 없고
눈길도 주지 않아
널브러져 통곡하고 싶을 때

포근한 바람이 꼭 감싸주어
하루하루를 보냈습니다
내 그림자 없어지는 날
아름다운 소리 남기고 싶어

바람을 잡고 하소연해도
서녘 노을에 빨려들어
점점점 작아집니다

소음이 가득한 허공에도
지금처럼 햇빛은 눈부시겠지요

찰나의 빛에 눈을 감고
이 목소리 아름답다고 한다면

도심 가로수

산으로 가지 못하였다
도심으로 팔려와
상처뿐인 가로수로 산다

소음에 가슴이 막히고
아스팔트 열기가 현기증을 부른다
행인이 비벼 끈 담뱃불
온몸에 진저리가 난다

현수막이 몸통 조이고
차들의 전방 가린다고
어김없이 팔다리 자른다

밤에나 잠을 잘까
불면에 시달려도
악착같이 뿌리내리고
마침내 꽃을 피웠다

떠나려 해도
뿌리가 깊고 몸통이 커버려

너무 늦었다 싶을 때
치욕도 꽃이 되는가.

탯줄

꿈돌이 공원 놀이기구 앞
휠체어에 탄 젊은 불구의 여인이
네 살배기 아들놈 허리에 끈을 매고
환한 웃음을 짓고 있다

좌충우돌 나분대는 아들과
일정한 거리를 두려는 어머니의 질긴 끈

당기고 놓아주고
끊어질 듯하지만
탯줄처럼 연결된 끈

지금은 움직일 수 없는
휠체어의 어머니가
흔들리는 세상을
노끈 하나로 꽉 붙잡고 있다

몽당비

빗자루로 꽃잎을 쓸었다
어른거리는 그림자
아무리 쓸고 쓸어도
지워지지 않는 붉은 눈빛

다 내어준 가슴을 스쳐
바람에 떨어진 꽃잎
집안 구석구석에 널브러져 있다

아슴한 눈빛을 쓸고 또 쓰느라
다 닳아빠진 빗자루
몽당비가 되었어도
동그마니 뜨락을 지키고 있다

두루마리 화장지

벽에 걸린 두루마리 화장지
팽팽 돌며 잘 풀린다

온갖 고뇌들이 들이닥쳐도
말없이 받아내며
아무런 표정도 없다

이미 풀어쓰고 남은 생
스르륵 아쉬워하며
이리 마지막 장을 가늠해 본다

산다는 것은 풀어쓰는 일이다
두루마리 화장지처럼

멋진 지팡이

도솔산을 오르다가
멋진 지팡이를 고른다

손잡이가 마음에 들면
너무 굵고
날씬한 건 연약하여
그냥 버린다

지팡이를 짚고
쉽게 정상에 닿고 싶어

아침부터 해거름까지
찾고 버리고
다시 찾아도
잡히는 건 찬바람 뿐

멋진 지팡이는
이 세상 어디에도 없다

비닐 조각의 유람

골바람에 떠밀려
내 발목에 걸린 비닐 조각
좀체 떨어지지 않다가
스르르 사라진다

한때는 싹을 보듬는
바람막이였는데
세월이 앗아갔는지
그 바람에 날리는구나

짓누르는 무게를 못 이겨
벼랑에서 아래를 보며
고개를 주억거리는 세상 이야기
할 말을 잃었다

오가는 무거운 바람
한 발 비켜서서
한 조각 비닐로 유람에 나섰다

투명한 허공을 바라보니
이리도 가벼운 것을

소통

어둠이 내리는 늦가을 보문산
인적 드문 나무 아래
빈 벤치에 앉았다

나무에 기대어 남자를 꼭 껴안고
소곤소곤 나누는 여자
마치 한 몸 같은 소통
저 가슴 얼마나 뜨거울까

발걸음 멈추고 바라보았다
갑자기 불어오는 산바람이
얼얼한 뺨을 후려치고 지나간다

그동안 눈이 너무 여렸군
수은주가 점점 떨어진다
어둠과 찬바람까지도
다 껴안고 소곤대는 저 여자는

질그릇

올곧아 정정하게 자란 나무
숯가마에 채워 놓고 불을 지른다
생명이 불타 쇳소리 날 때
사람들은 명품이라 좋아한다

이것이 어찌 질그릇만의 일인가
상감청자도 자신을 태운 땀방울이
지극정성으로 뭉치고 뭉친 혼일 터

제조 공장에서 연기만 쏘이다가
자신을 태우지 못한 질그릇도
높은 찬장에 앉아 있다

허공의 등불

기상도 모르면서
어둠 속 별을 찾는단다

누구의 손이 어둠을 만들었나
어젯밤 꿈속에서
허공의 등불로 흔들리고 있다

언제 꺼질지 모르는
따뜻한 별을 찾느라
지상의 날빛 거두었다

허공의 등불이 되고자
첩첩 어둠을 찾는단다

우울증

까마득히 담을 오르는
담쟁이 넝쿨은
세상이 궁금하다

발 구르고
비틀거리고
리어카에 목숨을 맡기고
바닥에서 헤매는 사람들

세상에서 공평한 건
햇볕과 바람이다

절벽에 서서 바람에 날리고
아슬아슬 강물을 보는데
아래만 보지 말고
위를 보라 한다

바람에 흔들리는 담쟁이는
눈보라 쳐도
폭우를 만나도

낮은 땅에서 높은 곳에 올라
세상을 보는데
나는 왜 속만 들여다볼까

껌을 씹으며

내려 찍고 올려 찍고
만신창이 된 채
바닥에서 밟히고 있다

뼛조각을 부수는 이빨이
아무리 짓이겨도
부수어지고 허물어지면서도
스스로를 지킨다

씹힐수록 본성이 살아나서
환한 빛이 나고
밟힐수록 가벼워져
한 점으로 남을지라도

오묘한 세상사
한 몸으로 터득하며 산다

그 여자의 노래

그 여자가 노래를 부른다
안개 속으로 빠져드는 듯
온기를 다 빼앗아 간다

꼬리처럼 따라다니는
모자랐던 나의 노래
빨간 입술의 마이크가 되고 싶다

가슴에 파고드는 목소리
허공에 퍼질 때 남은 생
리듬 따라 사라져도 좋으리

비들비들 뒤틀린 내 생이
음악이 되어 부를 때
내 벙거지 벗어 흔들면

툭 던져준 지폐 몇 장으로
그녀 손 잡고 노래 부르며
방방곡곡 떠돌고 싶다

하얀 그림자

깨진 사기 그릇
반짝이는 흰 빛이
침묵의 실루엣으로 다가온다

펄럭이던 치마에
마당을 쓸던 너
목까지 치솟는 바람을
스르르 재워 주었는데

어느 겨울날
갑자기 몰아친 한파에
금이 간 그림자로
하얗게 다가왔다

네 체온이 묻어 있는
기억의 편린을 모아
조각조각 때우는데
아물아물 따라오는 그림자

깊은 적막

창밖에 어둠이 찾아와
긴 밤이 시작되었다 하네

소란했던 경기장 다 떠나고
텅 빈 마음이
비슬비슬 허기져 누웠네

이제는 지평선 너머로
빛살처럼 퍼져간 소음들
시간이 안은 자국들인데

하얗게 센 머리는
마음의 문을 닫지 못하고
이리저리 뒤척이고 있네

고요한 적막에 몸을 던진
새록새록 깊어가는 꿈길

빈집에 벚꽃

4월의 햇살이
따뜻이 비추는
영혼도 사라진 빈 집

환한 벚나무 몇 그루
삭은 집의 주인인 양
짙은 꽃잎 날리며
절레절레 허공을 흔든다

세월에 흔들흔들 검은 기둥마다
하얗게 솟아나는 소생의 힘
어두운 그림자는 사라지고
아득한 몸짓으로 서 있다

삭막한 공간을 향기로 채운
저 아름다운 눈꽃
햇빛도 반해 주르르 구르는데

버림받은 나무 몇 그루가
폐가를 두 팔로 껴안고
온 산에 꽃잎을 뿌린다.

제3부

아버지의 강

아버지의 강

아버지는 서울행을 재촉했다
학교는 어디에 있을까
남산은 무겁게 앉아 있고
사람과 자동차가 앞을 막았다

햇살이 비추는 미아리 산 중턱
서라벌 고등학교
시골서 찾아든 하얀 꿈이
한강변 불빛을 타고 달렸다

빌딩 속 그림자는
세월도 잊고
외로움도 잊고
어둠의 강에서 유영을 했다

마침내 꿈을 움켜쥐고
한강 인도교에서 바라본 물결
이렇게 잔잔할까
아버지께서 웃고 계셨다

등걸

아버지는 회초리를
기둥으로 길렀다
평소 매를 드시며 나에게
등걸 없는 회초리는 없다 했다

나는 회초리로 자식을 길러
기둥으로 만들었다
기둥에 기대어 꿈을 꾸다가
바람에 문득 깨어보니
어린 손자가 예쁘게 자라고 있다

이젠 내가 등걸이 되어
손자 사랑을 깨우친다

등걸 없는 회초리는 없다고
어른어른 그림자는 그대로인데
어느덧 사랑 어린 회초리
바람에 날창날창 흔들렸다

거리

낭창거리는 발판을 딛고
해우소에 앉았다
풍덩! 오르다 멈춘 오물
오르지 못한 컴컴한 거리

아련히 떠오르는 뻐꾸기 소리
아버지 등에 업힌 채
퐁당! 흔들리던 발판으로 튄 오물이
내 발을 간지럽혔다

낡은 포대기 끊어질까
조심조심 씻어주던 아버지
표표히 떠돌다가
뭉게뭉게 구름 타고 떠났다

오르다 멈춘, 컴컴한
오를 수 없는 그 거리와
아버지의 퐁당은
이승과 저승의 거리다

멧돼지 꼬리

금산 선야봉에 올랐다
얼굴을 훑는 찬바람은
고향 하늘로 사라졌지만
정착하지 못한 듯
허공에 파문을 그린다

일주일만 더 살고 싶어 애원하던
아버지 얼굴이 떠오른다
나를 바라보고 눈을 감지 못하던
어머니도 생각난다

내가 선 자리도 쓸쓸하다
낙엽 굴리는 바람이
갑자기 시선을 빼앗는데
산중턱을 질러가는 멧돼지 떼
어미 꼬리를 문 어린 새끼들

불현 듯 스치는 어머니 치맛자락
콧물 씻으며 장독대까지
졸졸 따라다니던 내 손이
멧돼지 꼬리를 꽉 잡고 있다

빨간 꽃

나의 왼쪽 궁둥이에
다시는 지지 않는
붉디붉은 꽃이 피었다

네 살 때였던가
풀썩 화롯불에 주저앉아
톡 불거진 나의 꽃

불길에 터진 하얀 비명에
할아버지가 발 동동 구르며
화들짝 놀란 꽃

그 꽃 지극하게 가꾸어
세월에 여문
반달 모양 꽃밭을 만들었다

빗방울의 힘

뼛속까지 찌든 가난
한숨 쉬는 아버지
초조한 첫 수업 시간
교무실에 불려갔다

왜 거짓말 했느냐
다그치는 날선 손
불현듯 낮별이 반짝인다

바람막이 하나 없는
땅속으로 떨어진 빗물
허허벌판에 내린다

침묵을 깨는 종소리에
아이들은 까르르 웃는데
슬픔으로 붐비는 빗줄기는
푸른 강물로 깊어간다

날갯짓

바람이 살랑대는 시골집
좁은 골방문 걸어 잠그고
책상 앞에 정좌한 지
3년을 넘어가던 어느 날

저 너른 앞산 숲에서
갓 부화한 새 한 마리
저 푸르른 허공을 날려고
온갖 몸짓을 다하네

높게만 보이던 앞산
눈 아래 멈춰 있는데
살랑살랑 부는 바람 타고
힘찬 날갯짓을 하네

펄럭펄럭 날아온 합격통지서

내 봄날은

뒷모습을 보시고 정해 버렸다.
요즘 그만한 여자 드무니
장가 갈 준비를 해라

아버지께서 다그치셔서
초등학교 때 호기심으로
장곡사에 빼꼭히 모셔진
애기부처를 세어보았다.

내 나이에 맞아 떨어지는 얼굴이
나의 색시감이라 했는데
하도 신기하여
손금 보는 영감을 찾았다
딱 맞아 떨어졌다

장가가는 날
무당 할머니가 잡귀를 쫓아낸다고
빌고 또 빌어
유별난 장가를 들었다

솜털 같은 봄날에
애기부처와 손을 잡고 길을 가다가
첩첩산중에서 깜빡했는데
내 옆에 웬 늙은 할망구가 서 있다

호수의 얼굴

바람이 호수에 리듬을 만든다
내 이마의 오선지에
음표를 그린다

함께 걸었던 호숫가
흘러간 노래는 허공에 멈췄는데
세월에 탄 그림자

바위 밑의 들꽃은
살랑살랑 춤추고 있는데
텅 빈 호수에 비친 내 얼굴

번듯한 이마에 그어진
세월의 오선지에
아슴한 노을이 걸려 있다

반딧불이

어느 해 여름밤에
신작로를 걸었다

갑자기 등에 얹히는 보드라운 손
손끝에서 반딧불이가
어둠 저편으로 날아갔다

반딧불이처럼 맑고 깨끗하게
살자던 그대의 손
언제 다시 등에 얹힐까

바람에 찌든 내 몸
씻기지도 않는데
그 손이 그리워 밤하늘을 본다

세월이 싣고 간 그대
그리움이 타는 여름밤
깜짝깜짝 반딧불이가 치고 간다

빈집의 주인

고향에 갔다가
아내가 살던
빈집을 찾았다

쓰러진 기둥
풀숲이 된 지붕이 앞을 막는다
흘러내린 벽지에 숨어 우는
귀뚜라미 소리에 길을 잃었다

단발머리 소녀가
풀숲을 헤맨다
얼굴도 보지 못한 장모님을 그려보고
넙죽 절 올렸던 장인어른도 어른거린다

허공을 찌르는 아우성
귓가에 맴돈다
갑자기 쓸쓸해지는데
유별나게 우는 귀뚜라미 한 마리

단발머리 소녀에 반해

짝사랑했던
머슴아일지도 모르겠다.

아내의 손수건

바야흐로 결혼 전이었다
내 여자와 둑방길을 걸었다
인적 드문 풀숲을 걷다가
훌쩍 찡한 콧물을 떨어뜨렸다

눈치 챈 그녀가 웃으며
손수건을 건넸다
깨끗하고 향내 나는
이십육 년 삶의 속내를 보았다

서해의 찬바람을 안으려는 듯
손수건 한 장으로 접은
한량없는 무게
그녀의 체취에 파르르 떨었다

오래된 바이올린

하얀 적막에 눈먼 겨울밤
곤히 잠들어 있는
아내의 주름진 얼굴을 본다

막내딸의 손때 묻은
바이올린이 세워진 곁
맑은 불빛이
주름을 환히 비추고 있다

바이올린의 그림자가
아내의 얼굴에 포개지면
투명한 음계들이
주름 속으로 내려앉는다

딸의 그리움을 끌어다
다독다독 덮어주는데
문득 아내의 얼굴에서 퉁겨나오는
오래된 바이올린 소리

낡은 메리야스

열린 창으로 바람이 돌고 돈다
따스한 오후
아내의 속옷이 옷걸이에 걸려 있다

창가에 날아든 파리 한 마리
메리야스를 놀이터로 알고
재주를 부리다 걸렸다

삼베처럼 씨줄과 날줄이
듬성듬성 얽힌 실오라기에 걸려
윙윙 소리를 지르고 있다

아내의 메리야스가 해진 걸
파리가 일러 주었다
윙윙 소리가 조롱하는

허허로운 웃음일지도 몰라
결혼 후 옷 한 벌 사준 적 없는 일
버젓이 일깨워준 낡은 메리야스

행여나 누가 훔쳐볼까봐
슬그머니 걷어치우고
첫날밤의 파리를 날려보냈다

말굽버섯

고목에 붙어 있는 말굽버섯
폭우도 떼어내지 못한 것을
맨손으로 떼려고 힘을 주었다

죽은 나무가 불끈 힘이 솟아
꼭 안고 있는지
말굽으로 꽉 찍어 놓은 듯
단단히 붙어 있다

순간 어디선가
얼마 전 화재가 났을 때
자식을 안고 재가 된 어미
무쇠를 녹이는 불도 갈라놓지 못한
어미와 자식 간의 그 공간은
금도 그을 수 없고
불에 타지도 않았다

죽어서도 놓지 못하는
자식이라는 저 말굽버섯
내 죽어도 꼭 잡을 수 있을까

나는 선생님

— 셋째딸이 되어

긴 터널을 지나왔다
비바람을 피하려고
들어선 것이 언제던가

선생님을 부르면서
소리 한번 지르지 못하고
걸어 왔는데
지금은 서영실 선생님
큰 뜻을 품고 세상을 본다

첫 발령을 받아 가던 날
햇살은 여전한데
두려움은 왜
내 어깨에서 맴돌까

설렘과 두려움이
가슴을 흔든다
제천여고를 찾아
열차는 운명을 안고 달린다

단칸방

갑천 안개가 쉬었다 가는 집
길 잃은 바람이 우중충 창문을 두드린다
몸 따라 방도 늙는가
젊은 시절에 살던 단칸방이 그립다

신발장이 현관을 다 차지하여
남은 신발들끼리 자리다툼해도
아랫목은 젖을 문 딸
윗목은 전부 내 차지였다

그렇게 신산스런 세월에 물든 어느 날
내 방에 찾아든 외손녀
어미젖을 물고 새근새근 잠을 잔다
비릿한 젖내가 방안에 가득하다

무심코 지나쳐버린 젊은 시절
깊고 그윽했던 그 향기
길 잃은 바람을 다 안아도
단칸방은 가물가물 안개에 덮인다

제4부

오월의 밥상

오월의 밥상

햇볕이 온종일 불을 때더니
이팝나무 가지에 흰 쌀밥
한 사발씩 뭉쳐 놓았어요.

배고파 기다리던
벌과 등에가 대롱을 박으며
푸짐한 겸상을 합니다.

지난 날
몸에 배인 가난
흔들리는 가지에 걸어놓고
옹기종기 찾아든 사람들

수북한 흰 쌀밥
오월의 밥솥에 불을 지폈습니다.
정 담긴 수저 하나로
행복한 웃음 나누세요.

발에 대한 단상

월출산 종주에 나선다

힘겹게 오른 첫 번째 봉우리에서
가물가물 바라본 정상

한 발짝씩 내디뎌 중턱에 올랐다
땀에 찬 등산화를 벗어
산바람을 쐬고 다시 걷는다

무거운 짐에
불평이 많았을 테지만
발은 끝내 아무 말이 없다
화끈 열을 내뿜는 발을 달래려고
바람과 산새가 노래한다

기쁨으로 가는 길도
슬픔으로 가는 길도
걷게 마련이듯
내색하지 않는 저 고집!

허벅지까지 쌓인
눈을 헤치고
가파른 길을 지나온 발
월출산 정상이
저기 저 뒤로 보인다

제물

등줄기 쭈빗한 통가죽이
참나무 숲속 그림자로 남아
누군가를 기다리고 있다

새끼를 꼭 껴안다 제물이 된 멧돼지
송곳니 탱탱한 힘줄마저 놓쳤다

자식을 향한 불꽃 튀던 눈동자
그 텅 빈 구멍으로
미지의 세계가 정지되었다

산속을 뒤집던 공포의 주둥이는
야생의 전설로 침묵에 들었다

달콤한 향내가 돌고 돌았을
감각 없는 차디찬 검은 실핏줄에
작고 여린 이빨의 흔적

최후의 숨을 거둬들이는 순간
오종종 꼬리 물던 새끼들
그들은 지금 어디를 헤매고 있을까

고향의 느티나무

노을에 물든 고목이
오는 세월 바라보며 우뚝
정정하게 서 있다

거북등처럼 갈라진 껍질에
툭툭 바람이 노크하면
나이테 하나 더 그린다

저 바람도, 세월도
때가 되면 오가는데
시든 잎은 왜 그리 가벼운가

한 세상 걸어온 발자국
노독의 상처를 안고
의연히 서 있는 고목

한 겹 나이테 얹힐수록
더 많은 잎 떨어내듯
제 속까지 텅 비우고 있다

들 돌

바람에 채이고 채였다
폭우가 들이치는 공터에
힘자랑 하던 들 돌

풀잎 날리던 지난 날
물거품처럼 사라진 꿈이
아름다워 다시 안아본다

세월에 쌓인 한량없는 무게
끝이 없는 수도에
문득 안았던 팔 스르르 푼다

몰아치는 풍파 다 받아
허옇게 해탈하여
무거운 침묵에 잠긴 들 돌
햇살도 비껴간다

폭우도 깨지 못한 침묵
난달에 홀로 서서
동트는 새벽을 기다린다

좀도둑

훌쩍 넘었다 오줌발이

이것도 죄가 되는가
대청소 날, 친구들 성화에
검사 다니는 여선생님
슬쩍 치맛자락을 적셨다

선생님 치맛자락에 물벼락
짓궂은 어린 상념을
허공에 날렸을 뿐인데
모두 교무실로 불려갔다

다 안다
빙그레 웃는 교무 선생님
요놈들, 거짓말 마라!

윗물이 저지른 일
아랫물도 아는 법
소도둑이 좀도둑을 잡는다

왕진고개*

발걸음을 재촉하던 왕진고개
그때의 짧은 침묵이
지금까지 흐르고 있어

초록빛 들녘
쏟아지는 아침 햇살을 등지고
읍리로 향하던 고갯길
내 발자국에 포갠 너의 발자국
무거운 침묵이 고였어

슬몃 번져오는 고뇌까지
지금까지 다 버리지 못했어
깨어진 사기그릇처럼
반짝반짝 피어나는 추억도

수심이 가득한 네 얼굴에
뺨을 대면서 눈물을 흘렸어
어둠 따라 끝없이 흘러갔어
무장무장 꿈의 잠속으로

* 충남 청양에 있는 고개

저문 해의 추억

— 우성산에서

노을이 무너진 성터에
붉고 황홀한 빛을 쏟고 있네

너풀너풀 바람을 안고
수심 어린 그녀와 바위에 앉아
갑순이와 갑돌이 노래를 불렀네
그녀가 부르면 따라 부르다가
침묵에 잠긴 노을을
빈 들녘의 구름에 걸었네
적막에 젖어든 꿈
언제나 아름다운 건 아니어서
잡았다 스르르 허공에 놓았네

사라진 꿈을 안고 어디선가
남은 길, 변방을 걷고 있을 그녀
주름진 얼굴이 바람에 밀려오네
앞산을 넘고 있는 저문 해가
그녀와 나를 비추네

낙엽

푸른 시절 한껏 누렸다
이젠 곱게 자리를 비워야 할 때
무거운 짐 다 덜어주고
세월의 손길을 기다린다

자신의 몸을 불태우고
가볍게 가는 길
노을이 아름다운 것처럼
하르르 지면서 다시 반짝이리라

땅에 떨어진 씨앗이
온갖 색깔로 빛을 내듯
낙엽이 뒹군 자리
스스로 어둠을 비출 때

먼 훗날 가슴 시리게 그리울
황혼의 나그네가
잠시 쉬었다
홀가분히 바람 따라 떠난다

짧게 지나치는 하루해에 맞춰
종종걸음 치는 길손
무리 따라 환한 등불을 들고
마지막 고갯길 넘는다

따뜻한 손

우두둑 소나기 내리는 날
출렁출렁 풀숲 사이 흐르는 물에
낯익은 빨간 슬리퍼

'그녀가 즐겨 신었는데'
그리움 삼키며
풀을 잡고 오도 가도 못하네

시냇물은 흐르고 흘러
제 갈길 가는데
누구의 체온을 잊지 못해
외롭게 기다리고 있나

인연이란 이리 애틋한 걸까

다락논의 푸른 언덕

큰 산을 안은 물이 빙빙 돌고 있다
써레질 마친 소가 상념에 잠긴 듯
눈을 감고 되새김질 한다

세상을 돌고돌다가 귀농한 부부
그들도 언덕이 있어야 비빈다
푸실푸실한 논바닥에 탱탱한 발자국

지난 날 미친 듯 널뛰던 전세가
자식들 학원비에 돌처럼 굳은 응어리
흙속에 둘둘 말아 넣고 반죽을 한다

쌓였던 고통이 뿌리로 내리라고
4월의 다락논에 눈물 가두고
따스한 햇살로 등을 씻는다

산골의 적막 속에 더 갈 곳 없어
파릇파릇 뿌리를 잡을 때
산을 안은 다락논은 푸른 언덕 만들겠지

산새의 발자국

새벽에 들려오는 절망의 소리
끝내 묻을 수밖에 없었다.
황토의 안과 밖,
만날 수 없는 지경에서
하염없이 울었다.

푸르른 이승이 살가워서
더 머물고 싶었을 터이지만
어쩔 수 없이 밀리는 한 점 구름처럼
산새는
서쪽 숲으로 날아갔다.

아무리 둘러보아도
사방은 붉은 노을이다.
계곡의 아름다운 노래까지 약속한데
슬픔을 참고 있는 바위의
적막을 만난다.

아! 목숨은
어디에도 머물 수 없는
허공에 찍은 새의 발자국이다.

초승달의 미소

산벚 그림자에 풀잎이 흔들릴 때
여인과 깊은 산골로 들어섰다
왜 이런 산골에서 살려고 할까
우수수 젖은 미소로 대답했다

'세상 살자니 이런 일도 있네요.'
초승달의 아쉬운 향내를 남기고
경적을 울리며 떠나버린 여인

기억 없이 버려진 어느 날
도랑에 하얀 발을 담그고
우수에 젖어 달싹이는 입술

정적이 사라져 간 산마루
적막에 젖은 산골 물소리가
잠든 가슴을 두드려
희디흰 맨발로 풀숲을 헤맨다

자화상

삶의 대열에서 낙오될까
남 비위 맞추고 눈치 보며
그래도 줏대는 버리지 않고
꿋꿋하게 걸어온 지난 날

이제 남은 건 패인 주름뿐
머리칼까지 빠져 변하고
아내 따라 시장이나 마트에서
물건을 운반하는 짐꾼이자
세월을 묘사하는 시인이다

가파른 계단을 오르면
숨이 턱까지 차오른다
나날이 시야가 흐려져
꿈길조차 더듬더듬 걷는다

기울어져 가는 낡은 탑처럼
금이 가고 있는 얼굴
세월이 갈수록 굵어지는데

내 이마의 굵은 주름엔
두 눈 맑게 뜨고 견딘
화려한 이력이 새겨져 있어
좀체 지워지지 않는다

퍼즐을 맞추다

빈 거실에 누웠다
어둠이 흐른다
깜박깜박하는 내 머리
말을 찾아 퍼즐을 맞춘다

달갑지 않은 손님
'왱' 날아든다
슬그머니 화가 치밀어
일격을 가했다

잽싸게 자리 찾아
도망치는 놈, 잠시 후
다시 머리에 앉는다
눈에 불 켜고 찾는다

그렇다 네가 찾듯
자리도 찾지 못하고
헤매는 나를
바보라고 넘보는가

'왱' 소리를 따라
시의 퍼즐을 맞춘다

무식한 사람

동창회 날이었다
벚꽃이 활짝 웃는 운동장
삼삼오오 자식자랑 한창이다

만개한 꽃잎
저 꽃잎이 생을 날리며
멋진 시 한 편을 쓴다

누가 날 부른다
'서과장'
20년 전 잊힌 그 이름

나 이렇게
아름다운 시를 감상하는데
에이, 무식한 사람!

시인의 꽃

동구 밖 언덕 길
붉은 장미꽃
황홀에 불타고 있지

활활 솟는 정열
시인의 뜨거운
영혼까지 빼앗지

치마폭에 숨은
환생의 영혼은
단명을 아는지

넘치던 정열은
한 줌의 재로
풀풀 눕다가

봄바람이 두드릴 때
봉오리 차올라
다시 펑 터지겠지

■ **작품해설**

서정적 프리즘이 빚은 예술적 격조

—서인원 시인의 2시집 발간에 붙여

문학평론가 리 헌 석
(사) 문학사랑협의회 이사장

1.

석촌(石村) 서인원 시인과 인연을 맺은 후 강산이 한번쯤 변한 것 같습니다. 긴 세월 내내 매주 한 번씩 만나 문학에 대한 속내를 밝히며 정을 나누었습니다. 시인의 연세가 높은지라 깍듯이 모셨고, 시인도 예의를 갖추어서 아름다운 관계가 유지되었습니다. 시인은 2012년에 첫 시집 『문박산 그루터기』를 발간하였는데, 작품과 시인의 인품을 연계하여 정리한 바 있습니다.

〈서인원 시인은 단정하다. 반듯한 자세에 대인관계 역시 흐트러짐이 없이 예의가 바르다.〉〈세상의 소리에 좌고우면하지 않고, 자신의 지향을 지킨다. 때로는 고지식할 정도로 성품이 꼿꼿하다.〉〈교통사고로 사망한 아들이 시인으로 하여금 방황하게 하였으며, 또한 시를 쓰게 하였다.〉〈서인원 시인은 허정(虛靜)의 경지에 이르고자 염원하였으며, 이렇게 비운 내

면에 '아름다운 서정'과 '삶의 진실'을 담아내고 있다.〉

이러한 견해는 시인과 시적 화자가 거의 일치한다는 전제에서 출발합니다. 시인은 자신의 사상과 감정을 진솔하게 노래할 수도 있고, 상상의 힘을 빌어 기발하거나 비현실적 상황을 창조할 수도 있습니다. 서인원 시인의 작품 중 대부분은 전자(前者)에 속하기 때문에 시인과 화자를 동일시해도 무리가 없습니다. 그러기에 자신의 삶을 시로 빚어 첫 시집에 담아낼 수 있었을 것입니다.

첫 시집을 발간한 후 3년이 지나 시인은 제2시집 『호수의 얼굴』을 발간합니다. 첫 시집을 발간한 후 빚은 150편중에서 66편을 가려 뽑았습니다. 이는 작품 수보다 작품의 질적 수준을 중시하는 염결성(廉潔性)에 연유합니다. 중심 제재는 현실의 서정 세계보다 '추억 속의 서정세계'가 중심을 이루고 있습니다. 이 작품들을 통독하면서 삶의 진정성을 찾게 되고, 이는 두 권의 시집에 공집합(共集合)으로 기능합니다.

새벽에 들려오는 절망의 소리
끝내 묻을 수밖에 없었다.
황토의 안과 밖,
만날 수 없는 지경에서
하염없이 울었다.

푸르른 이승이 살가워서
더 머물고 싶었을 터이지만
어쩔 수 없이 밀리는 한 점 구름처럼
산새는

서쪽 숲으로 날아갔다.

아무리 둘러보아도
사방은 붉은 노을이다.
계곡의 아름다운 노래까지 약속한데
슬픔을 참고 있는 바위의
적막을 만난다.

아! 목숨은
어디에도 머물 수 없는
허공에 찍은 새의 발자국이다.

—「산새의 발자국」 전문

새 시집의 작품을 감상하며 가슴 먹먹한 감동에 젖습니다. 이 작품의 표면은 산새의 죽음, 이를 슬퍼하는 서정적 자아의 내면입니다. 그렇지만 정독하면, 서인원 시인의 아픔이 새겨진 비유적 작품이라는 데에 이르러, 질정할 수 없는 슬픔을 공유합니다.

슬픔을 직접적으로 표출하지 않고, 에둘러 표현하는 애이불비(哀而不悲)의 미학을 갖춘 이 작품은 서인원 시인의 대표작으로 자리 매김을 해도 지나치지 않을 것입니다. '산새'를 '일찍 떠난 아들'로 환치하고, '바위'를 '시인, 서정적 자아'로 환치하면 시의 흐름을 온전하게 감상할 수 있습니다. 시인의 애상적 정서를 〈황토의 안과 밖,/ 만날 수 없는 지경에서/ 하염없이 울었다.〉〈슬픔을 참고 있는 바위의/ 적막〉 등에서 확인할 수 있습니다. 말미의 〈목숨은/ 어디에도 머물 수 없는/ 허공에 찍은 새의 발자국이다.〉에 이르러 잠언(箴言) 수준의 형상화에서 시인의 수준 높은 경지를 공유합니다.

이와 같은 작품 경향을 따라서, 작품의 주제와 제재, 그리고 작품의 완결성을 지향하는 표현적 특질 중심으로 감상하고자 합니다.

2.

석촌 서인원 시인은 2시집 호수의 얼굴』 '자서(自序)'에서 〈내 시는 어찌 이리 밋밋할까〉 고뇌하고 있습니다. '멋진 시'를 쓰려는 갈망을 〈아직도 꿈만 꾸고 있는 물줄기〉로 비유합니다. 시인은 자신의 작품에 대한 독자층이 가까운 사람 중심임을 반성하면서, 폭 넓은 독자층 형성을 고대합니다. 이러한 지향을 〈언제까지 시린 발등만 적실까〉라는 자조(自嘲)에 담아냅니다.

자신의 작품에 대한 진솔한 성찰(省察)은 시를 시답게 빚으려는 지향에서 비롯됩니다. 그리하여 수년간 시 창작에 심혈을 기울입니다. 제재에 따른 시어의 선택, 문학성을 높이기 위한 비유와 상징, 혹은 행과 연의 배치, 언어와 시상 전개의 취사(取捨) 등에 대하여 심각할 정도로 집착합니다. 이러한 마음 자세가 작품에 투영됩니다.

> 아버지는 서울행을 재촉했다
> 학교는 어디에 있을까
> 남산은 무겁게 앉아 있고

사람과 자동차가 앞을 막았다

햇살이 비추는 미아리 산 중턱
서라벌 고등학교
시골서 찾아든 하얀 꿈이
한강변 불빛을 타고 달렸다

빌딩 속 그림자는
세월도 잊고
외로움도 잊고
어둠의 강에서 유영을 했다

마침내 꿈을 움켜쥐고
한강 인도교에서 바라본 물결
이렇게 잔잔할까
아버지께서 웃고 계셨다

—「아버지의 강」 전문

2시집 3부 첫 번째 작품입니다. 세속의 성공을 위하여 아들을 서울로 보내는 부성(父性), 그 뜻을 받들어 어린 나이에 상경(上京)한 시인의 고단했던 처지를 간결하게 그려내고 있습니다. 독자들은 '서술'과 '묘사'에서 새로운 해석을 유도하는 비유와 상징을 만납니다. 단순한 형식으로 보이지만, 행간에서 시인의 진실을 찾아내어 감상하기는 그리 녹록하지 않은 작품입니다.

〈아버지는 서울행을 재촉했다.〉는 사실에 대한 서술입니다. 그렇지만 아버지의 강한 열망을 직감하게 하는 힘을 보입니다. 아버지의 성화를 이기지 못한 시인은 서울로 향합니다.

〈학교는 어디에 있을까?〉 갓 상경한 어린 소년은 두리번거립니다. 그때의 막막한 심정을 〈남산은 무겁게 앉아 있고/ 사람과 자동차가 앞을 막았다.〉고 추억합니다. 서울역에 도착한 시골 소년의 모습을 선명하게 그려볼 수 있습니다. 시인은 〈햇살이 비추는 미아리 산 중턱/ 서라벌 고등학교〉에 입학하여 학습합니다.

청운의 꿈을 실현하기 위하여 자학자습하는 면학 과정을 〈시골서 찾아든 하얀 꿈이/ 한강변 불빛을 타고 달렸다.〉고 비유합니다. 한강변 불빛은 밝았겠지만, 시인자신은 '빌딩 속 그림자'에 불과하였을 터입니다. 그리하여 시인은 〈세월도 잊고/ 외로움도 잊고/ 어둠의 강에서 유영을 했다.〉고 돌아봅니다. 시인에게 있어 서울은 '어둠의 강'이었을 터이고, 그 속에서 가난한 유학생활을 영위하였을 터입니다.

이런 과정을 극복한 시인은 고등학교를 졸업합니다. 〈마침내 꿈을 움켜쥐고/ 한강 인도교에서〉 강물을 바라봅니다. 그때 물결은 잔잔하였고, 그 잔잔한 물결 사이에 아버지의 얼굴이 겹쳐집니다. 서울에서 공부하라고 닦달하신 부정(父情)에 감읍하는 내면을 〈아버지께서 웃고 계셨다.〉에 집약하고 있습니다. 단순한 서술에서 벗어나 시의 격조를 높이는 형상화를 보이고 있습니다.

3.

시는 비유로 신선한 감동을 생성합니다. 비유나 상징에 의하여 미적으로 승화된 언어예술이 시이기 때문입니다. 멋지고 효과적인 문장 표현을 위해서는 수사적 기교가 필요하며, 이 과정에서 감동이 생성됩니다. 비유의 사전적 풀이는 '어떤 현상이나 사물의 설명에 또 다른 유사성의 현상이나 사물을 빌어, 뜻을 명확히 나타내는 일'입니다. 그리하여 시인들은 직유, 은유, 대유, 풍유, 의인화, 상징 등을 통하여 참신성과 독자성을 추구합니다.

서인원 시인도 이러한 표현적 특질을 원용(援用)하여 감동을 빚습니다. 이들 시집에 수록된 작품들에서도, 표현적 성취를 위한 집념어린 노력의 산물임을 독자들은 알게 됩니다. 어느 작품 한 편도 쉽게 쓰이지 않은 것이 없습니다. 쉬운 듯 쉽지 않은 형상화, 어려운 듯 난해하지 않는 형상화, 이는 많은 시인들이 소망하는 경지일 터입니다. 그리하여 표현의 선택이 얼마나 공감대의 영역을 확대하는가, 이것이 작품을 빚는 수준이기도 합니다.

전선줄에 앉아 있는
몇 마리 까치
자리 잡고 있는 저 음표(音標)들,
해질녘의 찬바람이
긴 꽁지를 흔든다.

초승달 바라보며
고향 소식 기다리는
내 마음속 노래 한 곡
누가 저기에 걸어 놓았는가?

왕왕대는 바람소리
허공에 그려놓은 악보(樂譜)가
시리게 귓전을 울려도
새들은 꽁지 흔들며
저마다의 리듬을 탄다.

—「새들의 음표」 전문

2시집 1부 첫 번째 작품입니다. 초승달을 바라보며 고향을 그리는 서정적 자아의 시선에 들어온 전선 위의 까치가 중심 제재입니다. 현실에서 자주 만나는 상황이지만, 그 상황은 시인의 정서적 프리즘(prism)을 통하여 독자성을 확보하게 되고, 예술품으로서의 의미를 갖습니다. 프리즘은 빛을 굴절, 분산, 반사시켜 새로운 빛을 생성하는 매개체입니다. 이와 같이 외부의 사물과 현상이 '시인의 정서'라는 프리즘을 통과하여 새롭게 해석되고 구체화되는 것이 바로 문학작품입니다.

〈전선줄에 앉아 있는/ 몇 마리 까치〉는 시인의 정서적 프리즘에 의하여 오선 위의 '음표(音標)'로 비유됩니다. 이는 직관과 비유에 의하여 새로운 생명을 얻습니다. 그 음표들을 〈해 질녘의 찬바람이〉 흔들어 출렁이는 악보가 되게 하는데, 이는 생동하는 이미지를 형성하는데 부족함이 없습니다. 사실 시상 전개로 보면 2연과 자리를 바꾸어야 하겠지만, 시인은 생동하는 이미지를 강조하기 위하여 절묘하게 배치합니다.

'왕왕대는 바람소리'는 음성상징을 통하여 바람의 센 정도를 직감하게 합니다. 그 결과 〈허공에 그려놓은 악보(樂譜)가/ 시리게 귓전을〉 울립니다. 이는 판소리의 가창 구분을 연상하게 합니다. 부드럽고 느린 진양조를 비롯하여 중모리 중중모리 자진모리, 감성의 고조화를 이루는 휘모리 등으로 변화하여 작품의 전달력을 높이는 것과 같습니다. 왕왕대는 소리가 들릴 정도로 심한 바람에도 〈새들은 꽁지 흔들며〉 저마다의 리듬을 탑니다. 이는 세상의 풍파에도 의연하고자 하는 시인의 꿋꿋한 의지가 작품에 투영된 것으로 보입니다.

4.

문학은 역사 이래 예술 중의 으뜸으로 자리 매김 되어 왔습니다. 아름다운 서정을 노래하기도 했으며, 사회 여러 분야의 아픈 곳을 어루만지기도 했습니다. 문학은 질풍노도가 되어 세상의 어둠을 쓸어내기도 했으며, 어둔 밤에 촛불의 역할을 자임하기도 했습니다. 새벽을 노래하는 닭 울음으로 새로운 시대의 도래를 예언하기도 했습니다. 시대 변화에 따라 달리 해석되기도 하지만 본뜻은 같습니다.

이와 같이 위대한 역할이 상존하지만, 시를 비롯한 문학의 본질은 사랑입니다. 사랑은 연민과 닿아 있는데, 그 의미는 다른 사람의 처지를 불쌍히 여기는 마음입니다. 동정과 비슷한 의미로 사용되지만, 도와주고 싶은 마음이 드는 동정과는 달리 연민은 그 자체의 감정을 의미합니다. 실제 큰 도움이 되지는 않지만, 정서적 대상에 대한 연민은 작고 약한 것에 대한 사랑입니다. 서인원 시인의 정서가 이와 같습니다.

서울 지하도에는
길 잃은 새들이 모여 있다.
어둠에 싸여
새벽을 기다리고 있다.

어쩌나, 뿌리 내리지 못하고
절뚝이는 그림자가
초점 잃은 눈동자를 따라가는데
바람마저 차갑다.

가볍던 깃털은 이슬에 젖어
점점 무거워지는데
밤비까지 내린다.

언제 날 수 있을까?
두려움에 떨고 있어도
아름다운 새벽을 접지 않았는지
하얀 날개에 깃을 단다.

—「날개가 있다」 전문

2시집 2부 첫 번째 작품입니다. 석촌 서인원 시인은 밤에 서울역 근처의 지하도를 지난 것 같습니다. 그 곳에서 노숙자(露宿者)를 만납니다. 서울 지하도에 모여 있는 '길 잃은 새'들의 원관념은 노숙자일 터입니다. 낮에는 시내를 배회하다가 밤이면 잠자리를 찾아 지하도로 모입니다. 판지나 신문지를 깔고 누워 자는 사람들을 보면서 시인은 '연민(憐愍)'의 정서를 환기합니다. 어둠에 싸여 새벽을 기다리는 노숙자에게서, 젊은 시절에 고생하던 자신의 모습이 오버랩되어 빚어진 작품입니다.

삶의 초점을 잃고 살아가는 사람을 보며 〈어쩌나, 뿌리 내리지 못하고/ 절뚝이는 그림자〉에 서 시인은 연민의 정서를 폭발적 언어로 채색합니다. '가볍던 깃털'은 지난날 그들의 삶일 터이매, 현재는 새벽이슬에 젖어 더욱 무거운 깃털이 됩니다. 여기에 밤비까지 내리는 상황은 더욱 곤고한 삶을 의미합니다. 그들이 오늘의 무거운 짐을 훌훌 벗어버리고, 언제인가 날아갈 수 있기를 소망합니다. 세상 살아내는 일이 여반장(如反掌)처럼 쉬운 일이 아니기에 시인은 그들에게 재기(再起)의 날개를 달아줍니다.

이런 정서로 고희를 넘긴 시인은 타자들에 대한 시선이 따뜻할 수밖에 없습니다. 간난신고(艱難辛苦)를 극복한 시인이어서 동병상련(同病相憐)할 줄을 압니다. 그리하여 시인의 작품에는 세상의 날선 것들까지 녹일 수 있는 문학의 용광로가 활활 타오르고 있습니다. 그런 연유로 독자들은 시인의 작품에서 공감대의 영역을 넓힐 수 있습니다.

5.

일본의 압제가 극심하던 1940년대에 태어나고 성장한 사람들은 가난과 동거하며 살아내었습니다. 물론 대를 이은 거부(巨富)도 있었을 터이고, 때를 만난 친일파들의 거들먹거림도 있었을 터이지만, 민중들 대다수의 삶은 힘들고 팍팍하였을 터입니다. 그리하여 '보릿고개'로 인식되는 5월과 6월의 춘궁기에는 하얀 이팝꽃을 보아도 침이 고였을 터입니다.

이런 시대적 상황을 바탕으로 빚어진 「오월의 밥상」은 눈물어린 정서를 환기하고 있습니다. 직접 겪은 사람은 더욱 절절한 추억이 될 것이고, 경험을 하지 않는 세대들에게서도 그 정서는 면면하게 전달되고 있습니다. 이러한 정서의 대물림은 대체로 애상적 정서를 띠게 마련이지만, 서인원 시인은 이와 같은 일상성을 극복하여, 긍정적 시심을 작품에 담아냅니다.

햇볕이 온종일 불을 때더니
이팝나무 가지에 흰 쌀밥
한 사발씩 뭉쳐 놓았어요.

배고파 기다리던
벌과 등에가 대롱을 박으며
푸짐한 겸상을 합니다.

지난 날
몸에 배인 가난
흔들리는 가지에 걸어놓고
옹기종기 찾아든 사람들

수북한 흰 쌀밥
오월의 밥솥에 불을 지폈습니다.
정 담긴 수저 하나로
행복한 웃음 나누세요.

—「오월의 밥상」 전문

시인은 추억을 통하여 새로운 정서를 환기하는데 놀라운 힘을 보입니다. 청남 청양군에 소재한 '말망수'를 찾아 펼친 서정에서도 동질적 감동을 체험할 수 있습니다. 〈꿈 많던 어린 시절 / 말망수에 남긴 발자국을 찾아/ 지난 세월 속으로 걷는다.// 수십 번의 다짐과 꿈은/ 빗속으로 흘러가고/ 잘람잘람 물안개 속에서/ 너를 찾아 바람으로 헤맨다.// 유년의 말망수는/ 내 앞에 있는데/ 해살스런 얼굴 하나 얼비쳐 오고.〉(「말망수에서」 일부)에서 시인의 문학적 성향을 읽어낼 수 있습니다.

서인원 시인은 추억을 통하여 시적 진실에 접근하는 것을 선호하는 것 같습니다. 이런 작품들을 통하여, 추억을 공유하고 있는 세대들로부터 상찬을 받거나 공감대 형성을 기대하는 것 같습니다. 그리하여 이와 같은 추억을 공유하지 않은 세대들까지도 감동할 수 있는 작품 창작에 힘을 쏟으면 금상첨화(錦上添花)가 될 것입니다.

서인원 시인이 첫 시집에서 찾아낸 삶의 현실적 조명, 두 번째 시집에서 보여준 추억과 서정의 조화, 이를 바탕으로 앞으로 전개될 새로운 시(詩)의 경지(境地)가 기대되는 소이연(所以然)입니다.

■ 저자후기

삶의 여유를 느껴볼 겨를도 없이
이렇게 한 세월이 또 흘렀습니다.

하고 싶은 말 수십 번 생각하며
써본 것이 시가 되어
두 번째 시집을 선보입니다.

시는 주관성과 객관성을 다 가지고
있을 뿐더러 아무리 생각하여 써 봐도
애매모호합니다.
그래서 시를 쓰는지 모릅니다.

이 시를 읽는 모든 분들께
실바람에 나뭇잎이 흔들리듯
마음에 잔잔한 파문이
조금이라도 인다면 얼마나 좋을까
욕심을 부려봅니다.

2015. 여름에
석촌 서 인 원

호수의 얼굴

서인원 시집

발 행 일 | 2015년 6월 17일
지 은 이 | 서인원
발 행 인 | 李憲錫
발 행 처 | 오늘의문학사
출판등록 | 제55호(1993년 6월 23일)
주　　소 | 대전광역시 동구 대전로 867번길 52(삼성동 한밭오피스텔 401호)
전화번호 | (042)624-2980
팩시밀리 | (042)628-2983
홈페이지 | http://www.lito77.co.kr(홈페이지)
전자우편 | hs2980@hanmail.net

공 급 처 | 한국출판협동조합
주문전화 | (070)7119-1741~2
팩시밀리 | (031)944-8234~6

ISBN 978-89-5669-688-1
값 8,000원

* 이 책은 ㈜교보문고에서 E-Book(전자책)으로 제작 · 판매합니다.
* 잘못 제작된 책은 바꾸어 드립니다.